KATAKANSETSU 1minute Diet

肩関節1分ダイエット

DVD付

ウエストがくびれる！
小顔になる！

整体エステ「GAIA」主宰
南 雅子

青春出版社

はじめに

　美容家として整体やカイロプラクティックをエステに取り入れ、女性らしいプロポーションづくりを指導して 40 年以上経ちました。
　その試行錯誤のなかで「関節」に着目してストレッチやエクササイズを考案し指導したところ、血液やリンパの循環がよくなるだけでなく、骨格が変わってボディラインが整い、神経やホルモンが活発に働いて髪や肌にまで結果が出るようになったのです。
　現代はデスクワークなど目や指先だけを酷使する仕事が多いため、関節を広く使う動き少なく、それが体に悪影響を及ぼしストレスになっていることはいうまでもありません。だから単に食事を減らすダイエットではなく、関節をムリなく気持ちよく動かす方法が効果的です。
　今回ご紹介するのは「肩関節」をほぐし可動域を広げるストレッチです。肩関節をほぐすことで、バストの上がった美しいデコルテや首や顔にシワやタルミのない小顔、肩甲骨が美しい背中やウエストの引き締まったボディラインができあがります。

©ishidakenichi

　DVDでコツや動きの速さも簡単にマスターできますし、目で見てわかるほど結果が早く出ますのでやりがいもあるはずです。それに美しくしなやかに伸びる体づくりはとても楽しいものです。ぜひ本書のストレッチで自分史上最高のボディをつくってください！

Contents

2 | はじめに

STEP1 肩関節をチェックする
まずは自分の体を知ろう

- 9 | **Check 1** 肩甲骨を触れますか？
- 9 | **Check 2** 背中で左右の手を組めますか？
- 10 | **Check 3** 手をまっすぐ上に伸ばせますか？
- 11 | **Check 4** 手を水平に回せますか？
- 12 | **Check 5** ひじが腰骨につきますか？

STEP2 肩関節をやわらかくする
ウエストと小顔のカギが肩関節

- 18 | ①肩ほぐし
  猫背を直して首の位置を正す
- 20 | ②ひじ回し
  肩甲骨を下げ肋骨と胸を上げる
- 22 | ③壁うで回し
  肩関節をほぐし正しい重心のかけ方に
- 24 | ④舌だしひじ回し
  舌と肩関節に働きかけて小顔に導く
- 26 | ⑤アゴ引き首のばし
  肩関節と連動させてアゴを引く
- 28 | ⑥ゆび回し
  末端からほぐして二の腕と首を細くする
- 30 | ⑦肩関節のばし
  肩関節と椎関節をほぐしてウエストくびれをつくる
- 32 | Q&A

なぜ肩関節でやせるのか

- 34 40年以上研究してわかった「体のしくみ」
- 36 女性らしいしなやかボディの秘密は肩関節にあります
- 38 華奢な背中と肩まわりは誰でもつくれる！
- 40 なぜ彼女はウエストが17センチも細くなったのか？
- 42 肩まわりがスッキリすればポッコリお腹は解消します！
- 44 AカップからDカップに！3カップもアップした秘密
- 46 99％リバウンドしない小顔矯正テクニック！
- 48 「頭がい骨」は動く！
- 50 小顔のしくみ――アゴを引けば顔は小さくなる
- 52 たまご型の顔と形のいい後頭部に矯正します
- 54 どんな人もハリと透明感のある色白美肌に！
- 56 脂肪が燃焼される「やせ体質」はこうしてつくる！
- 58 脚がスラリと長くなる効果もじつはあるんです
- 60 にっこり笑顔とポジティブ思考で内側からも輝きだす！
- 62  COLUMN 小顔とウエストくびれをつくる習慣❶

STEP3 姿勢矯正ストレッチ
体の土台を整える

- 68 ①ひざ裏たたき
  ひざ裏を整えてバランスのいい脚をつくる！
- 70 ②お尻たたき
  股関節をほぐして骨盤を整える
- 72 ③内脚のばし
  内側を伸ばしてO脚・XO脚を直す
- 74 Q&A

小顔矯正マッサージ
顔の筋肉と骨格を整える

78 ①フェイス＆ネックマッサージ
　　肩関節も動かすから小顔効果が最強に！

83 ②ほうれい線のばし
　　内側から伸ばすからよく効く！

84 COLUMN 小顔とウエストくびれをつくる習慣❷

肩関節1分ダイエット 驚きの体験談

86 パンパンだった頬の面積が小さくなると同時に
　　パンパンだった太ももも細くなった！（18歳）

88 ウエストー17センチ、体重ー7キロ。
　　洋服も13号から7号になって、毎日が幸せ♪（34歳）

90 ウエストは10センチ、太ももは8センチ細くなって、
　　婚活にも前向きになった！（40歳）

92 整形したと勘違いされるほどアゴや頬がスッキリ！
　　O脚も直って見違えるような別人に！（55歳）

94 おわりに

DVDの使い方

メインメニュー画面▶

1

DVDをプレーヤーにセットすると、DVDに関する注意と説明の文字が流れた後、メインメニューが出てきますので、見たいSTEPをセレクトしてください。

見たいSTEPをセレクトすると、そのSTEP内の項目をすべて続けて見ることができます。

サブメニュー画面▶

各STEPのサブメニュー画面上部に入っている「BACK」ボタンは前のサブメニュー画面に移動したいときに、「NEXT」ボタンは次のサブメニュー画面に移動したいときに押してください。

2

見たいSTEPを選択すると、各STEPのサブメニュー画面が出てきますので、行いたいエクササイズをセレクトしてください。どのエクササイズも1分間画面を見ながら一緒に取り組めるようになっています。

※どのSTEPも、ひとつのエクササイズが終了すると、自動的に次のエクササイズがはじまります。STEPのエクササイズがすべて終了すると、サブメニュー画面に戻ります。

【ご使用前にお読みください】このDVD-Videoは、個人での私的視聴に用途を限定して販売されています。このディスクに収録されている映像及び音声をその一部でも、著作権者の許諾なしに、複製、改変、上映、上演を行うこと、及び放送、有線放送、インターネット等により公衆に送信すること、また販売、レンタルすることは法律により固く禁止されております。
【ご注意】◎このDVD-Videoは、DVD規格に準じて制作されています。必ずDVD-Video対応のプレイヤーで再生してください。DVDドライブつきPCやゲーム機などの一部の機種では再生できない場合があります。すべてのDVD機器での再生を保証するものではありません。◎DVD-Videoは、映像と音声を高密度に記録したディスクです。再生上のくわしい操作については、ご使用になるプレイヤーの取扱説明書をごらんください。◎ディスクの両面とも、指紋、汚れ、傷等をつけないようお取り扱いください。ディスクが汚れたときは、メガネふきのようなやわらかな布で内周から外周に向かって、放射状に軽くふきとり、レコード用クリーナーや溶剤などは、ご使用にならないでください。◎ひび割れや変形、また、接着剤などで補修したディスクは危険ですし、プレイヤーの故障の原因にもなります。ご使用にならないでください。
【保管上のご注意】直射日光の当たる場所や高温多湿の場所には保管しないでください。ご使用後は、必ずプレイヤーから取り出し、ケースに入れて保管してください。
【視聴の際のご注意】このDVD-Videoを視聴する際には、明るい部屋で、なるべく画面より離れてごらんください。長時間つづけてのご試聴は避け、適度に休息をとるようにしてください。

片面一層ディスク
サウンド・日本語
言語・日本語　複製付加
収録時間　約45分　COLOR
無断公開付加・レンタル禁止

STEP1

肩関節を
チェックする

まずは自分の体を知ろう

あなたの肩関節はどのくらい動きますか？　肩関節の柔軟性をきちんと自覚している人は意外と少ないものです。縦横前後ろとさまざまな方向に動かして、肩関節の可動域がどのくらいかチェックしておきましょう。定期的に確認することでダイエットの進み具合もわかります。

「肩関節」で上半身から体が変わる！

「小顔」と「ウエストくびれ」のキーポイント

　あなたの体の悩みは何ですか？
「どんなに運動してもウエストがくびれない…」「腰まわりのお肉はどうしたらなくなるの？」「顔の大きさは骨格で決まっているからどうしようもないよね？」…。
　顔の大きさや形、たるみやむくみ。くびれのない寸胴、ぽっこりお腹。悩みの中でも２トップといえるのが、この２つではないでしょうか？しかもこれらの悩みは年齢があがるにつれてますます深くなっていく。なかにはすでにあきらめかけている方もいるでしょう。でもあきらめるのはまだまだ早い。たった「１分」整えるだけで、顔と体、とくに上半身全体が劇的に変わる部位があるのです。
　それが、「肩関節」です。肩関節がゆがんだりズレると、肩甲骨が本来の位置より上がり、上腕骨が前に回りこんで、猫背や前肩、前首になってしまいます。すると、姿勢が悪くなってお腹が出たり、首で顔を支えきれなくなって顔が大きくなったりするのです。
　詳しくは後述しますが、上半身のボディラインの要となる肩関節を整えることが、全身をスリムにさせる早道になるわけです。
　さて、あなたの肩関節はどうなっていますか？　スムーズに動きますか？　STEP1では、肩関節がどれくらい硬いかチェックしてみましょう。ダイエットは現実を知ることが第一歩です。

肩甲骨を触れますか？

脚を肩幅に開き、両手を自然に体の横におろします。右手を下から後ろに回します。手のひらを背中面に向けて、左の肩甲骨を指で触ってみてください。触れましたか？
右手を戻し、今度は左手を下から後ろに回します。右の肩甲骨を触ってみてください。いかがでしたか？
肩甲骨を触ることができないという人は、肩関節が硬くなっています。また、どちらの手がやりにくいか、左右差もチェックしてください。

背中で左右の手を組めますか？

脚を肩幅に開き、両手を自然に体の横におろします。左手は手のひらを外側に向けて下から背中に。右手は手のひらを背中側にして肩ごしに背中に下してください。背中で、左右の手が組めますか？
今度は、左右の手を変えて組んでみましょう。いかがですか？
しっかり組めるなら肩関節の柔軟性は高く、指が触れる程度ならまあまあ。まったく触ることができない人は硬いと言えます。また、上にした手が左右どちらのほうがやりにくいか、チェックしておきましょう。

 手をまっすぐ上に伸ばせますか？

　脚を肩幅に開き、両手を手のひらを内側に向けて、自然に体の横におろします。
　右手を、まっすぐ上に上げていきます。手のひらは内側に、顔は曲げないように、目線はまっすぐです。
　右手を元に戻し、左手も同じようにまっすぐ上に上げてみましょう。いかがですか？
　まっすぐ上げられない人、まっすぐ上げようとすると顔が曲がる人は、肩関節が硬くなっています。左右差もチェックしましょう。

 手を水平に回せますか？

脚を肩幅に開き、両手を自然に体の横におろします。右手を、手のひらを内側にして、真横にゆっくり上げていきます。肩と水平になるまで上げましょう。同時に顔を右に回し、指先に視線を置きます。

右手をそのままの高さで、水平に後ろに回していきます。目線は指先を追ってください。
右手を元に戻し、左手も同じように行ってみましょう。
いかがでしたか？　後ろまできちんと回せましたか？　左右差もチェックしておいてください。

# ひじが腰骨につきますか？

脚を肩幅に開き、両手を自然に体の横におろします。右手の手のひらを正面に向けて脇を締め、腕を体にピタリとつけます。ひじを前に曲げていきます。45度くらいまで曲げたら、ひじをゆっくり真横にずらしてください。ひじ頭を腰骨まで下げていきます。ひじ頭が腰骨につきましたか？ 右手を元に戻し、左手も同じように行ってみましょう。

顔や体が中心線から、ブレないように気をつけてください。また、ひじは前に曲げるのではなくしっかり横にずらして腰骨まで下げましょう。

STEP2

肩関節をやわらかくする

ウエストと小顔のカギが肩関節

さていよいよ「肩関節1分ダイエット」のストレッチをご紹介いたします。どれも1分以内でできる簡単な動きですが、体がぽかぽかして汗をかくことに驚かれると思います。筋肉が気持ちよく伸びていることを意識し、ゆっくりと行うことで、より効果が高まります。

たった1分で
骨格から変わる

魅惑のボディをつくるポイントは「肩まわり」にあり

　みなさんはテレビや雑誌を見て、こう思われたことはありませんか？
　なぜ、女優さんやモデルさんは、きちんとバストがあるのに、顔が小さくて背中や二の腕、ウエストは華奢なんだろう？
　「生まれながらの遺伝に違いない…」そう思われる方も、本書をお読みいただけたら、モデルさんや女優さんのバランスのとれたボディの秘密がおわかりになるでしょう。そして、すべての人に8等身美人になれる素質が眠っているということもおわかりになるはずです。そう、なぜなら一見バラバラに思えるこれらのパーツはすべて連動しているからです。
　実際、小顔を目指して本書で紹介するストレッチに取り組んだ方が、小顔になっただけでなく、猫背が直り、二の腕と背中のお肉がとれたとよろこんでくださったり、ポッコリお腹を解消するためにストレッチを始めた方が、ブラジャーのカップが3カップもあがったとご報告してくださったり、効果は一カ所にとどまりません。
　本書で紹介するストレッチは、肩関節をほぐしやわらかくさせながら、上半身のさまざまな筋肉に働きかけしなやかに動くように工夫されたものです。
　具体的にはどのような効果があるのか。詳しくは後述しますが、まずはその一端をご紹介しましょう。

なぜ「肩関節」で骨格から変わるの?

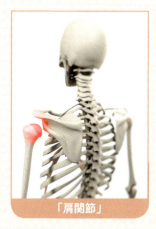

「肩関節」

まずはみなさん、次の数値をご覧ください。

体重：Before 62kg ▶ After 55kg

ウエスト：Before 81㎝ ▶ After 64㎝

　30代半ば、152センチの女性が「肩関節ダイエット」を3カ月行った成果です。食事制限もなしでこのような成果がでたのです。

　なぜ、絶大な効果があるのか？　それは、肩関節が「姿勢」と大きくかかわっているからです。肩関節は、肩甲骨と上腕骨（二の腕の骨）をつないでいる関節です。「球関節」と呼ばれ、いろいろな方向に動かしたり、回したりできるのが特徴です。

　肩関節が硬いと肩まわりの筋肉が硬くなり、盛り上がってきます。すると首まわりにも肉がつき、首が太く顔も大きくなります。また、盛り上がった肩まわりとバランスをとるかのように、お腹まわりにも肉がつくのです。怖〜い、負の姿勢スパイラルに突入です。

　肩関節をほぐせば、肩まわりや背中がすっきりして、体を縦に伸ばす筋肉が発達し姿勢が整います。すると、体中のお肉が収まるべきところに収まり、美しいメリハリボディに生まれ変わるというワケです。

ウエストがくびれる、小顔になる、その理由とは？

なぜ彼女はウエストが17センチも細くなったのか？

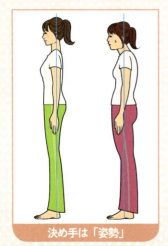

決め手は「姿勢」

「腹筋をしてもくびれない！」「ジョギングをしてもお腹は出たまま…」

多くの人がいくら頑張っても成果が出ないとお悩みの部分が、ウエストとお腹まわりではないでしょうか？

じつはウエストとお腹にとって、腹筋よりも重要なものがあります。それが、「肋骨（ろっこつ）」です。

ウエストはどこにあるかというと、肋骨と骨盤のあいだにあります。姿勢が悪くなり肋骨が下がってしまうと、骨盤との距離が短くなりくびれるスペースがなくなってしまうワケです。また肋骨が下がると、内臓下垂で腸を圧迫しお腹がポッコリと出てしまいます。

だから、肋骨をしっかりと引き上げるためにも、肩関節をほぐして丸まった背中と硬くなった肩まわりの筋肉をほぐし、姿勢を整えることが重要なのです。

イヤリングがぶつかるほどのエラ張りさんが大変身

　小顔のアイドルに共通している特徴、おわかりになりますか？
　それは"アゴが引けている"ということ。アゴが引けているとは、横から見たときに、おでこよりアゴが前に出ていないということです。
　では、"アゴを引く"にはどうすればいいのでしょうか？
　そのカギを握るのが、「姿勢」です。姿勢が悪く猫背や前傾姿勢になると、首の骨も前に傾きます。そのため、首の骨でバランスよく頭を支えることができません。
　頭の重さは5〜6キロもありますから、それも当然です。だから、首まわりの筋肉が必要以上に硬くなります。すると、首やアゴまわりが太くなって大きなエラ張り顔になったりするのです。首まわりが硬くなると、血液やリンパの流れも妨げられセルライトもできやすくなります。
　本書で紹介するストレッチは、姿勢を整えるだけでなく、アゴの筋肉と肩関節を連動させてアゴを効果的に引きます。だから大きな効果を発揮するのです。実際、イヤリングがぶつかるほどのエラ張りさんが、イヤリングがストンとまっすぐになるほど小顔になったのです！

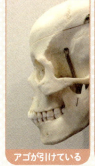
アゴが引けている

アゴが引けていない

1 肩ほぐし

猫背を直して首の位置を正す

1
脚を肩幅より少し広く開き、目線は前に。ひざ裏をしっかり伸ばし、足のゆびを上げてください。

2
体の中心軸がブレないようにして、右の肩先を上げます。右耳の下に肩先をつけるようなイメージで、「1、2、3、4、5」。5回上げたところで止めます。

3
そのまま肩先とうでを後ろに回して、肩甲骨とうでを背中の中央に寄せます。右手の指先をお尻の下におろしながら、首を伸ばしてください。

肩関節をほぐして猫背を直すことによってウエストくびれ効果が、首の位置を正すことによってアゴが後ろに引けるようになり小顔効果が高まります。

4
脇を締めてひじを曲げます。手で「キツネ手」を作り、手を内から外へ反時計回りに「1、2、3、4、5」と5回、回します。

5
手と腕を脱力させながらストンと腕をおろします。左側も同じように行ってみましょう。

２ ひじ回し

肩甲骨を下げ肋骨と胸を上げる

2 左手をお腹に添えます。右手でバストの上を触り筋肉を確かめ、ひじを脇に軽くつけます。

3 ひじ頭をまっすぐ上げていきます。

1 脚を肩幅より少し広く開き、目線は前に。足のゆびを上げてください。恥骨を前に出し、お腹を引いてください。

4 ひじ頭が天井をむく位置までまっすぐ上げて、止めます。体の中心軸がブレないように気をつけましょう。

5 左手を頭越しにまわして、右のひじ頭をつかみ、そのまま上に引き上げます。頭から10センチ程度上に引き上げるのが理想です。

首を長く細くさせる筋肉（胸鎖乳突筋）に働きかけ、小顔効果、ウエストくびれ、バストアップ、華奢な背中づくりに効果のあるストレッチです。

6
手を離し、左手をお腹の位置に戻します。今度は、上げたひじを後ろに大きく回します。肩甲骨を中央に寄せて下げる感じで回していきましょう。最後はひじをウエストの位置に戻します。

7
ひじがウエストの位置に収まったら、手のひらを前に向け、ひじから下をストンと脱力して、下ろします。肩の高さを鏡で確かめてみましょう。もう1回 **1** 〜 **7** を行って終了です。右肩が下がっているのがわかりますか？　反対側も2回行いましょう。

3 壁うで回し

肩関節をほぐし正しい重心のかけ方に

1
体の右側に壁が来るようにして、壁に直角になるように立ちます。この位置からうでを回しますので、壁から少し離れて立ちましょう。脚は肩幅より少し広めに開き、足の指を上げます。

2
左手をお腹におき、右手を手のひらを内側にして、耳の横で高く伸ばします。

3
手のひらが壁側を向くように、ひっくり返します。

肩関節をほぐしながら脚の重心の正しいかけ方を体感できる効果のあるストレッチです。肩こりにも絶大な効果があります。

4
手のひらを壁向きにしたまま、体の後ろに大きく回していきます。

5
下まで回したら手のひらをひっくり返し、指先を伸ばして体の脇にしっかりとつけたら終了です。ここまでをあと2回行います。左側も同じように3回、回してみましょう。

4 舌だしひじ回し

舌と肩関節に働きかけて小顔に導く

キツネ手

1
背筋をのばして、イスに浅く座り、お腹を引きます。脚は肩幅程度に平行に開きます。右手を「キツネ手」にして、右ひじを曲げ、ひじ頭をウエストにつけます。左手はお腹に添えて、お腹が出ないように気をつけましょう。

2
舌を思いっきりだします。

舌の筋肉と肩関節に働きかけ、これらを連動させて小顔に導くストレッチです。

3
ウエスト横で、ひじで円を描くように前から後ろへ5回、「1、2、3、4、5」と回します。

4
舌を戻して、息を斜め上方向に「ふぅ〜」と吐きます。左右の手を変え、左側も行ってみましょう。

5 アゴ引き首のばし

肩関節と連動させてアゴを引く

1 イスに浅く腰掛け、脚を肩幅に開き、テーブルにひじを立てます。

2 両方の手を軽く「グー」に握ってください。親ゆびは4本の指で隠しましょう。

3 脇を締めます。両方のげんこつの第二関節部分を、唇下とアゴ先のあいだにカポッと添え、はめこみます。

4 顔を下向きにして、両手のげんこつを一度押し込みます。

アゴと肩関節を連動させて下アゴを後ろに引き、肩甲骨を下げて効果的に顔を引き締めるストレッチです。

5 げんこつをアゴにすべらせながら、アゴを持ち上げていきます。首を伸ばすイメージです。

6 右肩を「1、2、3、4、5」と5回下げます。お腹は引っ込め、胸は上げて行いましょう。

7 今度は、左肩を同じように「1、2、3、4、5」と5回下げていきます。

8 口をすぼめて斜め上方向に、息を「ふぅ〜」と吐きます。6〜8をあと2回行って終了です。

ゆび回し

末端からほぐして二の腕と首を細くする

1
椅子に軽く腰かけます。脚は肩幅に開いてください。左手はお腹におきます。体の横で右ひじを曲げ、人差し指を立てます。親指は内側に入れてください。反時計回りに、外から内へ、指とうでを連動させて水平に回していきます。

4
最後は肩関節を大きく動かして、回しましょう。全部で 10 回ほど、回して終了です。左右の手を変え、左指と左うでを連動させて、今度は時計回りに回していきましょう。

STEP2・肩関節をやわらかくする

ゆび、手首、ひじ、肩の関節をほぐし、とくに二の腕を細くさせ、首を細く長くさせる効果の高いストレッチです。

2
最初は指だけで小さく、徐々にうでを連動させながら大きく回していきます。

3
徐々にうでを上げながら、回す輪を大きくしていきます。

7 肩関節のばし

肩関節と椎関節をほぐしてウエストくびれをつくる

1
正座の姿勢から脚を開きます。立てひざで立ちます。左ひざを引いて上体を起こします。両手を組み、手のひらを上にして上に伸ばします。

2
右手で誘導するようにして、組んだ手を反時計回りに「1、2、3、4、5」と5回、水平に回します。

3
右手で引っ張るようにして、右側に上体をグーッと倒してください。もとに戻して、上方向に手を一度伸ばします。

肩関節と椎関節を連動させてのばし、骨盤を立て姿勢を整え、猫背、ウエストくびれ、小顔に効果のあるストレッチです。

4
今度は、右ひざを後ろに引きます。両手を組み、手のひらを上にして上に伸ばします。

5
左手で誘導するようにして、組んだ手を時計回りに「1、2、3、4、5」と5回、水平に回します。

6
左手で引っ張るようにして、左側に上体をグーッと倒してください。もとに戻して、上方向に手を一度伸ばします。正座に戻り、手のひらを上にグーッと伸ばして終了です。

Q&A 1

Q：足の指を上げるのはなぜですか？　またなぜ足を平行にするのですか？

A 足のゆびを上げるとかかとに重心が移動して、前首、前肩、猫背になりやすい前傾姿勢が徐々に中心軸が正しい姿勢になっていきます。また足を平行にすると、外側を向いていた足のゆびがまっすぐ前に向くようになり、足底から脚のひざ裏、太もも裏の緩んでいた筋肉が引き締まり発達するのです。つまり姿勢を正すときの"気をつけ"や"休め"のように足の指が外側を向く姿勢は筋肉が下がり緩むポーズでもあるのです。

Q&A 2

Q：なぜ手を「キツネ手」にするのですか？

A ゆび先に神経がゆき渡っていない人は、肩や二の腕、首の後ろで体のバランスを保つので筋肉が硬くなり、血液やリンパ、神経の流れが悪くなります。常に神経がゆき届いているとしぐさが美しくなり、筋肉も引き締まって関節詰まりになりにくく、ゆがみにくくなります。日常生活でゆび先を意識するにはキツネ手の形をくせづけることです。キツネ手の中指と親指を離すとどこからみられても美しく見える形になり、親指の爪先を第一関節につけると親指に力が入らなくなり肩コリが解消されます。

Q&A 3

Q：お腹に手を添えるのはなぜですか？

A ウエストのくびれづくりには、日常生活やエクササイズをしているときにお腹が出てふくらむことはNGです。眠っているとき以外はお腹が出ないようくせづけることが大切です。ウエストにくびれがないと内臓下垂の原因にもなり腸を圧迫し便秘や婦人科の病気にもなりやすくなります。手やうで、肩を使った背中を丸めた腹筋ではなく、下半身の脚を使って腹筋（腹直筋）を引き締めましょう。そのためには、お腹に手をあててお腹がふくらんだり恥骨より前に下腹が出ていないかを触って確認することが大切です。

なぜ肩関節でやせるのか

肩関節をほぐすことで、ウエストがくびれたり、小顔になる。「ホントに？」と半信半疑の方もいらっしゃるでしょう。本章ではそのメカニズムをわかりやすくご説明いたします。なぜやせるのかを理解すると、体の動かし方も正しくなり、ダイエット効果が高まります。

40年以上研究してわかった「体のしくみ」

ただヤセるだけじゃない、骨格から変わるということ

　美容家として、美しいボディづくりを40年以上研究してきました。整体やカイロプラクティックをエステにとりいれ、お客さまを施術するなかで気づいたのは、正しいアプローチをすれば骨格は変わるということです。

　いかり型の肩だったお客さまが女性らしいなで肩になったり、O脚のお客さまの脚がスラリとまっすぐになったり、頭の絶壁で悩んでいたお客さまがポニーテールの似合う形のいい後頭部になったり…その変化は驚くべきものがあります。

　昨今は多くの方々が「ただヤセればいいわけじゃない」ということに気がついています。

　確かに食事制限や激しい運動は体重を減らすということに関しては効果があるかもしれませんが、やめてしまうとリバウンドが激しく、またスタイルがよくなるということはありません。

　じつは、骨格から整えたほうが、美しくヤセることができ、リバウンドもないのです。なぜなら骨格を整えることで、必要な部分に必要なだけ肉がつき、そして筋肉がムダなく動く「ヤセ体質」になることができるからです。

　そして、そのカギを握るのが、「関節」です。

骨格から変わる決め手が「関節」です

　わたしたちの体は200個以上の骨の組み合わせからできています。その骨がどうつながっているかで、骨格が決まります。骨と骨をつないでいるのが関節。関節部分には腱と筋肉があって、それで骨同士がつながっています。

　理想的なのは、関節の可動域が広く、そのまわりの筋肉や腱がしなやかでよく伸びる状態にあることです。しかし、関節が詰まったりすると、可動域が狭くなり、骨と骨の間隔も近づいてしまいます。それを防ごうとして、余分な硬い筋肉が発達するのです。ですから、詰まっている関節をゆるめて可動域を広げることが大切です。

　そして関節のなかでも重要なのが、「肩関節」と「股関節」です。肩関節はとくに上半身、股関節はとくに下半身の決め手となります。

　股関節については、『DVD付 股関節1分ダイエット』にゆずるとして、本書では、上半身＝「お腹・ウエストのくびれ、すっきりとした背中や二の腕、形のいいバスト、すらりとした首に形のいい小顔と後頭部」をつくる「肩関節」をテーマにしたストレッチを紹介します。

　ストレッチでヤセるの？　という方もまずは1回行ってみてください。みなさん本当に驚かれます。なぜなら、静かな動きなのにしっかりと汗をかき、そして1回で目に見えて結果が出るからです。

女性らしいしなやかボディの秘密は肩関節にあります

注意！「前肩」だと男っぽい体になります

　体型に悩む多くの人に共通している事実があります。
　それは、「前かがみの姿勢」であるということ。とくに「前肩」の人がいかに多いか。前肩という言い方になじみのない方のために説明をしますと、前肩とは、肩が上がり前側に出ていることをいいます。この前肩がじつは体のいろんな部分に悪影響を及ぼすのです。
　みなさんはどうですか？　鏡に横向きの姿を映し、前肩になっていないかどうかチェックしてみてください。
　前肩の人は猫背ぎみではないですか？　そして肩こり・首こりに悩まされてはいませんか？
　それは、肩が前にきていることで、肩まわりの「僧帽筋（そうぼうきん）」や「三角筋」（38ページ）が引っ張られ硬くなっているからです。これらの筋肉はがっちりと横広がりに発達し硬くなる男性的な筋肉です。これらの筋肉が発達すると背中面が広くなり、そのぶん胸面が狭く落ちてきます。さらに首が前に出て太くなります。
　そう男性的な体型のできあがりです。
　女性らしい体型は正反対です。男性のように肩まわりに盛り上がりがなく、背中の筋肉が薄いのが特徴です。だから、肩甲骨がくっきりと出てきます。背中が薄く小さいぶん、胸面は広くて高いのです。

「肩まわり」が下半身にも影響を及ぼす

　上半身の肩から、背中、腰まわりにつながる硬くたくましい筋肉が発達すると、それとバランスをとるようにして、脚の太ももが硬く前に張り出しふくらはぎにも硬い筋肉がついてきてしまいます。下半身まで男性のような体型になってしまうのです。

　肩まわりがこのように体全体に影響を及ぼすのです。だからとっても大事です。本書で紹介する肩関節ダイエットは、女性らしい肩まわりをつくるのにたった1回で効果を発揮します。必ずみなさん「なぜ？」と驚かれます。たった1回で肩がうしろに引かれ、上がっていた肩が3センチは下がるからです。みなさんもぜひ肩関節ダイエットで、女性らしいしなやかなボディを目指してください！

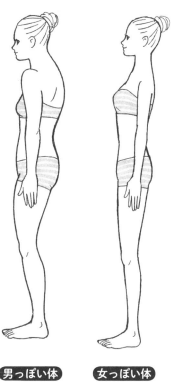

男っぽい体　　女っぽい体

華奢な背中と肩まわりは誰でもつくれる！

筋肉は縦に伸びると"細く"なる。だからヤセる。

「昔から"いかり肩"体型だから変わるワケない！」という方にもご納得いただけるよう、なぜ体型が変わるのかご説明します。

肩のラインと深くかかわっているのが「三角筋」と「僧帽筋」です。肩幅が広くなるのは三角筋が発達しているから、そしていかり肩になるのは僧帽筋が盛り上がっているから。前述したようにこれらが発達してしまう原因は、前肩や首の前傾など姿勢の悪さにあります。

肩関節ダイエットを行うと、前肩が直り、姿勢がよくなって、三角筋や僧帽筋が薄くなり下がってきます。肩が下がってなだらかなラインになり、肩幅もほっそりしてくるというわけです。

それは、肩関節ダイエットの動きが筋肉を縦にゆっくりと伸ばす動きだからです。これが、マッチョなしっかり筋肉解消に絶大なる効果を発揮するのです。筋肉はしなやかに縦に伸びれば細くなります。だから華奢な肩まわりも美しい背中のラインもつくりあげることが可能なのです。

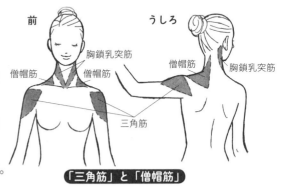

「三角筋」と「僧帽筋」

余分なお肉は背中で消えてなくなる！

　背中は、本人は気づかなくとも、多くの人に見られる部位です。若さがあらわれるところと言ってもいいでしょう。歳とともに背中に肉がついてきた…という人も多いのではないでしょうか？

　背中には、縦、横、斜めに筋肉が複雑に入り組んでいます。肩関節ダイエットを続けると、それらの筋肉が伸縮自在になって薄くなり、下に下がってきます。それにつれて肩甲骨の位置も下がり、背中が細く短く胴の部分が短くみえる、女らしい体型に変化していくのです。

　肩甲骨が下がると、そのまわりの余分な肉はちょうどシャツにできるシワのような状態になります。すると、脳が「このダブついた肉はいらない」と判断し、余分なお肉は整理整頓されてやがてなくなります。脳は背中をダイレクトに調整しているのです。

　肩甲骨が見えない…という人も変わります。楽しみにしてくださいね。

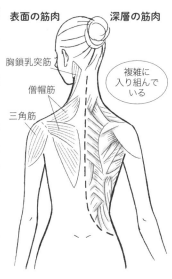

背中で整理整頓される！

なぜ彼女はウエストが 17センチも細くなったのか？

ウエストは肋骨と骨盤のあいだにつくられる

　ダイエットでヤセたいと思う部位はどこですか？　多くの人が「お腹」と答えるのではないでしょうか？　アンケートでも、やせたい部位の1位のほとんどが「お腹」（ウエスト・下腹）となっているようです。

　さて、ここではみなさんの憧れ、ウエストのくびれのしくみについてご説明していきましょう。

　ウエストとは、肋骨と骨盤とのあいだにあります。だから、ウエストがくびれるためには、肋骨と骨盤とのあいだにくびれるスペースが必要となるのです。そのためには、肋骨を引き上げなければなりません。

　肋骨を引き上げるには、肋骨まわりにある縦に伸びる筋肉が大切になります。わたしはこれらの縦に伸びる筋肉を“縦筋”と呼んでいますが、代表的な筋肉に「脊柱起立筋(せきちゅうきりつきん)」があります。

　この縦筋が衰えて下がっているため、肋骨を支えきれず位置が下がってしまうのです。肩関節ダイエットは、まずこの縦筋をしなやかに伸ばし、肋骨を引っ張り上げます。

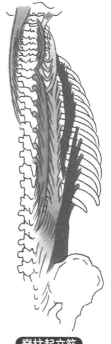

脊柱起立筋

肩甲骨が上がると肋骨は下がる

　また、前述してきたように、姿勢が悪くなり肩が盛り上がる（肩甲骨が上がる）と、肋骨は下がってきますから、肩甲骨を下げることも重要になります。

　イラストをご覧ください。ウエストくびれのしくみがよくわかると思います。

　肩関節ダイエットは、肩まわりと肋骨まわりの縦筋に働きかけ、効果的に肋骨を引き上げ、肩甲骨を引き下げます。だから、美しいウエストのラインがつくり上げられるのです。

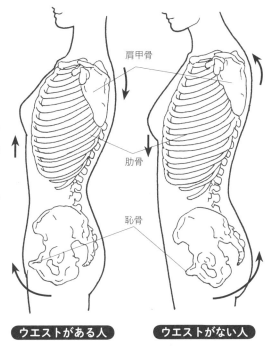

ウエストがある人　　ウエストがない人

肩まわりがスッキリすれば
ポッコリお腹は解消します！

肋骨が下がるとお腹が出るワケ

さて、みんながヤセたい部位1位の「お腹」のなかでも、「下腹」についてご説明しましょう。

肋骨が下がると、肋骨で囲まれている肺や胃が下がった状態(内臓下垂)になります。

お腹ポッコリの原因が、この内臓下垂です。ですから、肩関節ダイエットでウエストのくびれができるとともに、下腹もすっきりとしてくるのです。

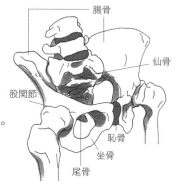

骨盤と股関節

また、肩が盛り上がり、背中に肉がつき、肋骨が下がるといった、上半身が沈んだ状態になると、その重みで背骨も下がり骨盤が開きます。骨盤が広がると、腰まわりはどんどん太くなっていきます。

そこで肩関節ダイエットです。肩関節ダイエットは、縦に伸びる筋肉をしなやかに伸ばし、肋骨を引き上げるだけでなく、骨盤を立てて恥骨を前に押し出します。

41ページのイラストをごらんください。肋骨が下がると、恥骨が奥に引っ込むことがわかると思います。恥骨を前に出すことで、骨盤が横に広がらなくなり、腰幅が狭くなるだけでなく、股上も浅くなるのです。

肋骨を上げてヒップアップ！

　肋骨が下がると、恥骨が奥に引っ込み仙骨が下がり、骨盤が広がるしくみは、おわかりになりましたか？

　さらに負の連鎖は、お尻にも影響します。骨盤が前に傾き広がることによって、お尻が横に大きくなり下がってしまうのです。

　だから、ヒップアップのためにも、肋骨の引き上げは欠かせません。さあ、肩関節ダイエットで形のいいお尻を目指しましょう！

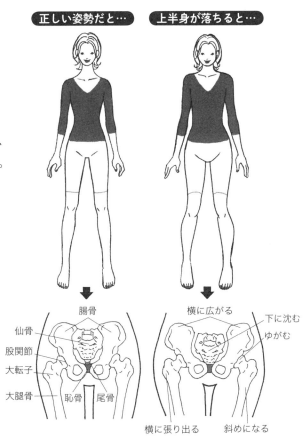

Aカップから Dカップに！
3カップもアップした秘密

脂肪は本来バストに集まるようにできている

「上半身がすっきりしたら、胸も小さくなっちゃうんじゃないの？」なんてお思いの方。いえいえ、まったく逆なんです！

本書で紹介する方法では、肩まわりや背中、腕まわり、腰まわりについていた余分な脂肪やセルライトがなくなります。つまり言い換えれば、そうした脂肪やセルライトをバストに集めて整理する方法なのです。

脂肪はもともとバストに集まってきて、そこに蓄積されるようなメカニズムになっています。余計なところについていた脂肪が、本来つくべきところにつく。そして、バストは"本来の大きさ"を取り戻すのです。

そのためには、姿勢を正すことが必須条件です。前のめりの姿勢ではバストが下がってくるのは当然。肩関節ダイエットでは、肩関節を効果的に動かすことによって、肩甲骨が下がり、首の後ろから肩や背中に広がっている僧帽筋の筋肉が薄くなって、背中面が狭く短くなります。

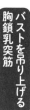
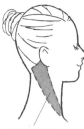

胸鎖乳突筋

逆に、"縦筋"をしなやかに縦に上に伸ばすことによって、胸面を引き上げます。とくにバストを吊り上げている「胸鎖乳突筋(きょうさにゅうとつきん)」が鍛えられます。だから、バストトップが上がり、広がっていたバストが中央に寄って丸くなるのです。まん丸モテバストの完成です！

アンダーバストが細くなるから、カップが上がる!

　そして、見逃せないのが、アンダーバストが細くなることです。胸囲はあってもアンダーバストが太ければ、カップアップは望めません。
　アンダーバストが太いのは、余計な脂肪やぜい肉がついているからだと思っている人が多いのですが、じつは原因は「肋骨」にあります。
　今までご説明してきたように、姿勢が悪く前のめりになって肩が盛り上がると、肋骨が下がってきます。肋骨は下がると、重みで下部分が横に開いてしまいます。そう、アンダーバストの幅は、肋骨の下部分の幅といっても差支えありません。
　肋骨は天然のコルセットです。中世ヨーロッパの貴婦人はコルセットで、ウエストとアンダーバストを細く締め上げ、バストアップをさせていましたが、そんなことをしなくても、本書の方法では自然とアンダーバストが締まるのです。
　そしてアンダーバストが締まるぶん、胸部分、つまり肋骨の上部が広がって土台ができ、バストはさらに高くなります。また、これによって肺が広がり、酸素が肺によく行きわたるから健康的にもなるのです。
　もちろんバストの大きさにはホルモンも関係していますから、巨乳になるというわけではありません。ただ少なくとも誰もが、本来の姿を取り戻し、健康的で魅力的なバストをつくることは可能なのです。

99%リバウンドしない小顔矯正テクニック!

本当に小顔になりたかったら肩関節から攻めなさい

　さて、本書のサブタイトルを見て「？」と思われた方もいるのではないでしょうか。そう「肩関節で小顔？」の「？」です。

　そこで、みなさまにまず知っていただきたいのは、顔に直接アプローチしなくてもボディを調整すれば小顔になるということです。

　じつは、顔が大きくなる原因の大半は、姿勢の悪さやクセ、毎日の習慣にあります。猫背や前かがみの姿勢になっていれば、5～6キログラムもある重い頭を支えきれなくなります。当然、首は前へ前へと垂れてしまい、アゴが下がってしまいます。

　しかしわたしが美容家として40年以上研究してきた方法では、全身の骨が徐々に動いて姿勢がよくなり、徐々にアゴの骨が後ろに引けて、自然と小顔になります。しかも、リバウンドもありません。

　ボディのなかでももっとも効果的な攻めどころが、肩関節です。肩関節を効果的に動かすことによって、肩甲骨を下げるのです。

　じつはアゴまわりの筋肉は肩甲骨とつながっています。だから肩甲骨を下げれば、首がまっすぐ持ち上げられ、それに連動して下アゴが引かれます。まるで腹話術の人形のように、肩関節を動かして肩甲骨をキュッと下げれば、下アゴがキュッと引かれる。だから、肩関節を攻めることが小顔への一番の早道なのです。

「首が長くなる=顔が小さくなる」ということ

　小顔づくりのためには、首まわり、アゴまわりのデコルテの筋肉をしなやかに伸びる質のいい筋肉にすることも不可欠です。

　首のまわりの筋肉が縦に伸びると、首の頸椎の関節詰まりが解消されます。この頸椎の椎骨同士をつなげているのが、前述した脊柱起立筋（40ページ）。しなやかに伸びる縦筋です。

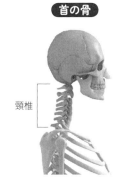

首の骨

頸椎

　脊椎起立筋は背骨全体の椎骨を守りながら首の後ろを通って頭がい骨にまでつながっています。脊柱起立筋が柔軟に伸びて頸椎の位置を正しく整えると、首がよく回るようになります。すると、前肩・猫背などで硬くなっていた僧帽筋も、やわらかい弾力を取り戻して、首はまっすぐに持ち上げられ、顔の血液やリンパの流れ、神経の伝達もよくなります。

　そして首を細くまっすぐにすると、首が斜めになることで崩れていた顔が正しく持ち上がり小さくなります。つまり、まっすぐな首で顔と頭を持ち上げると、顔面側と後頭部にバランスよく分散されるのです。

　下に崩れていた顔の肉がキュッと締まり、後頭部が形よく出てくるイメージです。これが、「首が細く長くなれば、顔が小さくなる」理由です。

「頭がい骨」は動く!

頭がい骨の骨をズラして形を整える!

頭がい骨(横)

頭がい骨(上)

　頭がい骨は動かない、生まれつきと思っている人も多いでしょう。ところが、頭がい骨は少しずつ動く骨なのです。頭がい骨は28個の骨が縫合されてつくられています。ピッタリとくっついているわけではありません。だから動くのです。

　ただし、中心に向けて圧をかけてもあまり小さくはなりません。なぜなら、頭がい骨を構成する骨と骨のあいだは1ミリもないほど狭く、押して間を狭めたところでそれほど小さくはならないからです。それよりも、骨を少しずつズラして形を整えていくことのほうが効果的なのです。

　とくに重要なのがアゴの骨です。まず上アゴはひとつのつながった骨ではなく、真ん中に縫合があって左右ふたつに分かれています。上アゴと下アゴもつながっているのではなく、下アゴは細い腱状の筋肉で上アゴと連動し、ぶら下がっている状態です。そのため非常に動きやすい。だから、下アゴを後ろに引くことが可能なのです。

　アイドルはアゴが引けている、小顔のためにはアゴを引くことが大事だということは前述しましたね。ここに小顔づくりの秘訣があります。

頭がい骨を動かす筋肉のお話

　基本的な話ですが、骨はすべて筋肉につながっていますから、筋肉を動かせば骨は動くのです。頭がい骨だって、例外ではありません。
　頭がい骨を動かすのは、それぞれの骨の周辺にある筋肉です。
　肩関節に働きかけて猫背・前肩を直し、姿勢を整えれば、側頭筋、鼻根筋、前頭筋、そして頸椎から頭がい骨につながる脊柱起立筋などの働きによって、頭がい骨は上に引き上げられ、また、後ろに引っ張られて、細くて立体的な形のいい頭がい骨に変わるのです。

　頭がい骨の側頭骨はアゴまわり首まわりの筋肉とつながっていますから、その骨格も変化して大きな幅広の顔も細面の小顔になっていきます。

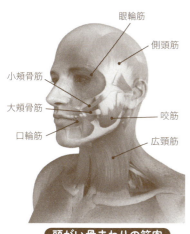
頭がい骨まわりの筋肉

上アゴ

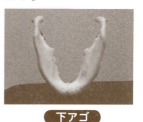
下アゴ

小顔のしくみ——
アゴを引けば顔は小さくなる

「肩甲骨」と「舌骨」、2つの骨を動かしてアゴを引く！

　アゴを引くのに、もっとも重要なポイントになるのが舌骨（下アゴと咽頭のあいだにあるU字形の骨）です。舌と顔の大きさがかかわっているなんて、怪訝に思うかもしれませんね。しかし、アゴの周囲には「舌」と関連の深い筋肉がたくさんあるのです。

　下アゴの骨の下を覆うようについている顎舌骨筋や顎二腹筋は、下アゴを後ろに引く働きや舌骨を上にあげる働きをしています。

　肩甲骨の上部から舌骨体に伸びている肩甲舌骨筋は、舌骨を後方に引く作用を担っています。また、顎二腹筋の後ろ側に沿って舌骨にいたるのが茎突舌骨筋ですが、舌骨を上に上げたり、後ろに引いたりする働きをしているのがこの筋肉です。

　耳慣れない筋肉が出てきて、戸惑われましたか？　ここではアゴの周辺にはさまざまな筋肉があり、舌とも関連していて、それらはアゴの位置にも影響を与えているのだ、ということを頭に入れておいてください。

　肩甲骨の重要性についてはすでにお話ししましたが、もうひとつ重要なことがあります。それは、いまあげたアゴまわりの筋肉は、じつは肩甲骨とつながっているということです。つまり、アゴまわりの筋肉や胸の上の鎖骨につながる胸骨舌骨筋などの縦筋がしっかり上に伸びるようになると、肩甲骨は自然に下がって正しい位置に整うのです。

小顔づくりにもっともパワーを発揮する筋肉とは?

　肩甲骨を下げる波及効果については46ページで説明したとおりです。結果的にアゴが引かれて、顔が小さくなります。

　その際、パワーを発揮してくれるのが「胸鎖乳突筋」という縦筋です。

　胸鎖乳突筋とは、その名のとおり、胸骨と鎖骨から始まり、側頭骨の乳様突起（及び後頭骨）まで走る筋肉。

　つまり胸鎖乳突筋がしっかり伸びると、首は細く長くなり、また後頭部が後ろに引けるようになるわけです。後頭部が後ろに引けると、それと連動してアゴも引き上げられて後ろに引けます。逆に、ゆるむと後頭部が後ろに引かれませんからアゴが落ちて前に出るのです。

　アゴが落ちて前に出れば、顔太り、頬太りにもなりますし、アゴまわりにも余分な肉や脂肪がついて二重アゴや首太りの原因にもなります。

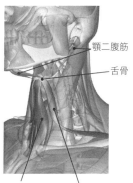

舌骨まわりの筋肉

顎二腹筋
舌骨
胸骨舌骨筋　肩甲舌骨筋

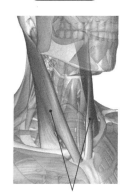

胸鎖乳突筋

胸鎖乳突筋

たまご型の顔と形のいい後頭部に矯正します

高い鼻と形のいい頭、どちらも手にはいるんです!

「高い鼻」と「形のいい後頭部」、みんなの憧れですね。でも「絶壁の頭の形、今さら変わるわけないよね?」「化粧でごまかしたり、整形しなくても、鼻の形って変わるの?」と訝しがる人の多いことでしょう。

ところが、先で説明したように頭がい骨が変わるのですから、鼻の高さだって、後頭部だって変わるのです!

頭と顔の形を変えるのは、おもに頭の側頭部にある側頭筋(49ページ)や胸鎖乳突筋という縦筋です。肩関節ダイエットで、肩甲骨を下げ首を細く長く伸ばしていくと、これらの縦筋が発達してくるのです。

縦筋のひとつである側頭筋はイチョウの葉のような形をしていて、頭がい骨を左右から持ち上げて引き締めます。その結果、鼻骨が前に出てきて鼻が高くなり、後頭部が後ろに出て後頭部の形がよくなります。

さらに、鼻骨が前に出ると、頬にある小頬骨筋、大頬骨筋(49ページ)などもズレて、頬を後方に引っ張って引き締める働きをしますから、鼻を美しく高くさせることに一役買います。

このようにして、頭がい骨の左右の幅が狭まり、後頭部が後ろに出て、ポニーテールが似合う、かっこうのよい形になるのです。

さらに鼻が高くなるとともに、アイホール(目の窪み)が大きくなって目も大きく見えるようになります。

黄金率のたまご型フェイスになる！

美人に見える顔のバランス比率をご存じですか。理想的な顔の比率（黄金率）は、「おでこ（額）」：「眉から鼻」：「鼻からアゴ」＝１：１：１だと言われています。肩関節ダイエットを続ければ、この黄金率に近づいていくのです。

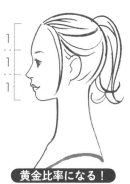

胸鎖乳突筋や脊柱起立筋などの縦筋が働いて、首がまっすぐ持ち上がり、頭がい骨が真上にグイッと持ち上がると、側頭筋などによって顔が縦に引き締められます。下ぶくれや横に広い顔が、細面の小さなたまご型になっていきます。また、アゴが後ろにキレイに引かれることで、アゴが長かった人も徐々にアゴが目立たなくなってきます。

頭がい骨がグイッと上がれば、おでこの形もきれいになり、肌のハリもよくなります。たるみもなく、シワも伸びて溌剌として聡明な表情になるのです。

どんな人もハリと透明感のある色白美肌に!

たるみ、むくみ、くすみを即効で消す究極の方法

　たるみ、むくみ、くすみ…歳をとるにつれてどんどん深くなる悩みですね。これらの原因としてまずあげられるのが前首です。
　とくに背中から肩、首まで広がっている僧帽筋（38ページ）が硬くなって、血流やリンパの流れが悪くなるのが問題。血流の悪さは肩こり、首こりにつながりますし、頭や顔の血流やリンパがとどこおれば、顔がパンパンにむくみ腫れぼったくなるのです。
　さらに前首で顔が下がると、アゴのまわりの筋肉が緊張感を失ってたるみ、二重アゴになったり、ほっぺに余計な肉がついて下ぶくれの顔になったりします。
　でも、原因がはっきりしているのですから、その対処法も明らかです。前首になっている状態を正す。首を立てて、背骨から首、頭までのラインを整えるのです。硬くなっていた筋肉もほぐれて、血流がどんどんよくなります。悩みも、自然に解消に向かうのです。
　また頭がい骨まわりの筋肉のなかでも動かしやすい、アゴまわりの筋肉と耳まわりの側頭筋をよく動かすことで、老廃物がよく排出され、血流がよくなります。すると「むくみ」は消えていきます。
　つまり、肩まわりの筋肉をほぐし、首をまっすぐに持ち上げ、アゴまわり耳まわりの筋肉を動かす「肩関節ダイエット」が効果的なのです。

色黒さんだって、ピンク系の色白さんに大変身

　昔から「色の白いは七難隠す」といいますが、透明感のあるピンク色の肌は、男性だけでなく女性からもまぶしく見えるものですね。
　肌の質や色を決めるもの、それは血液やリンパの流れです。肩関節ダイエットは筋肉に心地よい刺激を与え、伸ばします。この筋肉への働きかけが血液やリンパの流れを促すのです。
　血管は地球を３周半もするほど長く、体の隅々にまで張り巡らされています。毛細血管の血流がアップすれば、栄養分が行きわたり新陳代謝が活発になるのです。
　皮膚の細胞は28日で新しいものと入れ替わります。この入れ替わりをスムーズにするために、新陳代謝が活発であることが欠かせません。
　肩関節ダイエットで筋肉を刺激していると、いつもベビースキンのような透明感のあるツルツルの肌に入れ替わってくるのです。
　「生まれつき色黒だから…」そんな人もあきらめる必要はありません。くすみも色の黒さも、血流がよくなれば改善されます。実際、わたし自身もずっと色黒の悩みをかかえていました。ところが、整体エステのストレッチを研究し行うようになって、みるみる変わっていったのです。
　スキンケアやメイクなど美肌の手段はさまざまですが、なんといっても素肌の美しさが一番の武器。ぜひあなたのものにしてくださいね！

脂肪が燃焼される「ヤセ体質」はこうしてつくる！

たった1回で体ぽかぽか。どんどん代謝のよい体に！

「肩関節ダイエット」をするようになって、体が軽くなったという声をよく聞きます。肩関節ダイエットで、血液やリンパの流れがよくなり、新陳代謝が促されるから疲れも脂肪もたまらない体になるんです！

代謝がよくなるだけでなく、前肩などが解消し姿勢がよくなることで、内臓が下垂しなくなります。ですから内臓の働きもよくなります。また、肺も圧迫されなくなるので、呼吸が順調になり、全身に新鮮な酸素が届くようになります。

冷え症も劇的に改善します。冷え症の原因のひとつに体のゆがみがあります。体にゆがみがあると、ゆがんだ部分の血管やリンパ管が圧迫され、血液やリンパの流れがとどこおります。それが血行の悪さにつながり、冷えを引き起こすのです。ゆがんだ部分の筋肉が動きにくくなることも、血行の悪さに拍車をかけます。

肩関節ダイエットは、肩関節を動かすことによって、脇もよく動かします。脇は、多くの血管やリンパの通り道。だから、脇まわりの血管やリンパの流れがよくなり冷え症が改善されるのです。

どのストレッチでもかまいません。まずは1回試してみてください。それだけで体がぽかぽかすることがわかると思います。そして1週間も続けたころには、体の代謝が変わっていることを実感できるはずです。

便秘にだって本当によく効きます

　姿勢が前かがみだったり、前肩になっていたりする人は、肋骨が下がりそれにともなって内臓まで下がってしまっています。下がった内臓は腸を圧迫し、その働きを低下させます。これが便秘の原因になっているのです。
　肩関節ダイエットは、肋骨を引き上げ、内臓を正しい位置に戻します。上からの圧迫がなくなった腸はスムーズな蠕動(ぜんどう)運動ができて、頑固な便秘も解消されるというわけです。
　また、肩関節ダイエットの副次的な効果として、食べすぎを防ぐという効果があります。
　食べすぎてしまうのは、満腹中枢と関係があります。食欲が満たされたら、本来、脳の満腹中枢に「お腹がもういっぱいです」という信号が送られ、食欲が抑えられるのですが、その回路がおかしくなるのです。
　原因としては、姿勢の悪さが考えられます。背骨がゆがんで猫背ぎみだと、胃のあたりの神経が圧迫されて、胃液がうまく分泌されず、腸の吸収が悪くなって、食べても満腹感が得られません。
　肩関節ダイエットで背骨のゆがみが正されると、神経が圧迫されることもなくなり、適量でちゃんと「満腹」の信号が送られて、食べすぎをストップすることができるのです。

脚がスラリと長くなる効果もじつはあるんです

姿勢が整うから、脚も整う

　肩関節ダイエットは、姿勢を正すことによって、ウエストのくびれ、小顔をつくりあげる方法です。一部分にフォーカスするのではなく、体全体のボディを仕上げていく方法ですから、その効果は上半身だけにとどまりません。

　上半身のゆがみが股関節や骨盤をゆがませることはご説明しましたが、それを考えればなぜだかわかるはず。前かがみの姿勢や前肩が改善されて、頭から首、背骨のラインのゆがみがなくなり、バランスが整ったら、下半身への負担はグンと軽減されます。

　43ページのイラストをごらんください。負担がなくなった骨盤は、緩んだ状態からキュッと締まった正しい状態に戻っていくのです。

　また、上半身の重みで関節に負担がかかると、関節の隙間にある軟骨がすり減って、骨と骨の間隔が短くなるのも短足の原因ですが、当然これも改善します。

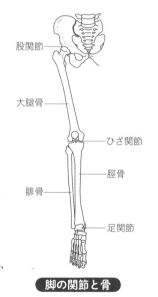

脚の関節と骨

股関節が整うから、脚がまっすぐ細くなる

　股関節にも同じ変化が起こります。股関節が整えば、そこにつながっている大腿骨、ひざ関節、脛骨、腓骨のバランスも整っていきます。

　O脚、X脚、XO脚という脚の曲がりは、脛骨と腓骨のバランスの崩れが原因ですから、バランスが改善され、正しい位置に戻れば、まっすぐな理想的な脚になります。

　肩関節ダイエットでは、しなやかに伸びる縦筋を発達させるので、脚も縦筋が主体の細く長い脚に変わっていくのです。

　また、STEP3で紹介しますが、小顔とウエストくびれづくりを加速させる3つのストレッチを追加することで、さらに脚やせ・脚長効果が高まり、スラリ脚に近づきます。

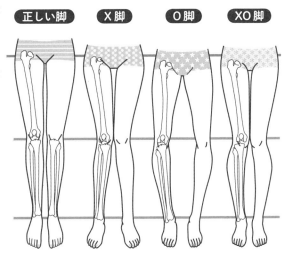

にっこり笑顔とポジティブ思考で内側からも輝きだす!

"ニッコリ"素敵な笑顔は肩関節でつくられる

「うまく笑顔をつくれないんです」「写真を撮るときにいつも顔がこわばってしまって」…こんな悩みをもっている人も意外と多いものです。

なぜ笑顔をうまくつくれないのか。それは、首や肩、背中に必要以上に力が入ってしまっているからです。

自然なニッコリ笑顔ができる人は、首がまっすぐに伸び、肩も後ろに引けています。だから下アゴをスムーズに引くことができるのです。

下アゴが後ろに引けると、口角が上がり、筋肉を動かすことを意識しなくても、前の歯がきれいにのぞく素敵な笑顔になります。女優さんモデルさんのような、前歯がのぞくチャーミングな笑顔のできあがりです。

下アゴを引くといえば、そう肩関節ダイエットですね。ニッコリ笑顔は、小顔づくりをさらに進めるといった相乗効果もあります。

肩関節ダイエットは、さらに魅力的な表情を演出します。

まずは前述したように、アイホールが大きくなって目が大きくなり、目力が出てきます。さらに顔の筋肉（表情筋）がよく動くようになって、表情が豊かになるのです。これは肩関節ダイエットによって、首や肩のこわばっていた筋肉がほぐれ、余分な力が抜けた効果です。

魅力的な笑顔と表情でより好感度はアップ。男性からも女性からも愛される人物になるでしょう。

"仕事力" "モテ力" がアップした人も続出!

　笑顔とともにもうひとつ、肩関節ダイエットでの内面の変化として、「ポジティブ思考」になるという変化があります。

　もう一度、肩関節ダイエットの効果を思い出してみてください。肩関節ダイエットで一番重視していることは、姿勢を正すことです。前首や猫背を直すことです。

　前首や猫背だと、首が斜めになり頭や顔が下がってしまいます。当然、顔は下を向きがちになります。これだけで暗い印象ですし、足元にばかり目線があっては、どんどん思考がネガティブになってしまいます。

　肩関節ダイエットで、頭が持ち上がれば視線は上向きになり、表情も明るくなります。考え方もポジティブなものに変わっていくのです。また、胸が上がって肺が広がることで、酸素がいっぱい入ってきますから、頭が冴えてきます。

　視野が広くなると、いろんなことに気づき情報を仕入れることができるようになります。発想の転換もうまくでき、頭の回転も速くなります。

　実際、「仕事と家事の両立がうまくできるようになりました」「部屋の汚れが気になるようになり、こまめに掃除をするようになりました」といった報告が後を絶ちません。変わった例では、30歳年下の彼と結婚が決まった60代の方もいます。姿勢はこれほどまでに人を変えるのです!

COLUMN

小顔とウエストくびれをつくる
習慣①

【電車での居眠りは絶対にいけません】

　目を閉じると体の縦筋がゆるみ体が下がって体がゆがみます。体の上半身が立っているままで眠ることは、体をゆがませている行為なのです。首の頸椎にもつまりが生じてしまいます。そもそも電車で眠ってしまうのは、家でよく睡眠をとれていない証拠。ストレッチで体をほぐし、しっかりと睡眠をとるよう心掛けてください。

【"大の字"でよく眠ろう】

　人は眠っているあいだに寝返りで体の新陳代謝を促し、骨格の矯正を行います。寝返りは背中に走っている副交感神経による指令です。体が筋肉を動かしたいといっているのです。この神経を解放できる眠り方が大事です。寝る前にストレッチで筋肉をほぐし、少し硬めのベッドで「大の字」で眠りましょう。寝返りがよくできるようになります。

【テレビ・パソコンの位置を考えよう】

　パソコンのキーボードはデスクの手前ぎりぎりくらいに引き寄せます。マウスはその横に。こうすれば前かがみにならずにすみ、体の前面の可動域が横に広がります。また、ディスプレイは目線と同じ高さになるようイスの高さやディスプレイの位置を調整すること。テレビは、正面でアゴを少し上げて見る位置がベストです。

【ゆびをしなやかに動かそう】

　女性らしい体のためには親指に力を入れないことが重要です。親指は体の外側の硬い筋肉につながっています。力が入ると肩や背中の筋肉が硬く張り、角張った男性的な体になります。ですから親指以外の4つの指をしなやかに動かしましょう。これらは内側のしなやかな筋肉を刺激します。それが豊かな胸、華奢な背中や肩など女性らしい体のラインにつながるのです。

STEP 3
姿勢矯正ストレッチ
体の土台を整える

「肩関節1分ダイエット」は上半身から変わりはじめ下半身までその効果が及ぶ最強の方法ですが、本章ではその効果をさらに加速させるために股関節のストレッチを3つ紹介します。肩関節で上から、股関節で下からアプローチして、最短でボディを仕上げましょう。

股関節で小顔・ウエストづくりを加速させる!

下半身が整えば体はもっと持ち上がる

　できるだけ速く小顔になりたい、ウエストをくびれさせたい！　そう思われる方のために、小顔・ウエストくびれづくりを加速させる股関節のストレッチを紹介します。

　股関節は、上半身と2本の脚をつなぐ重要な役割を持ち、骨盤や背骨を正しく安定させるとっても大切な場所です。

「骨盤と股関節」

　上半身を整えるのにもっとも効果的なのは、肩関節にアプローチすることですが、下半身を整えるのにもっとも効果的なのが、股関節にアプローチすることです。

　顔を持ち上げ、肋骨を持ち上げる、つまり上半身を引き上げるためにも、下半身の要である股関節を整えるということは重要になってくるわけです。

　肋骨を引き上げるためには、恥骨を前に出し骨盤を立てることが大事です。股関節のゆがみが正されれば、脚のゆがみが直りウエストくびれ効果が高まるのです。

　それに連動して肩関節が下がり小顔効果も高まります。

　肩関節と股関節、上と下からアプローチする。これで、万全です。

ひざ裏の筋肉を鍛えて脚をスラリと整える

　小顔・ウエストくびれづくりを加速させるために、下半身の筋肉のお話をしましょう。重要なのが、ひざ裏の筋肉です。

　ひざ裏の筋肉は、縦に伸びる"縦筋"です。重力に負けないように体を伸ばす筋肉で「抗重力筋」とも呼ばれます。だから体を引き上げ、姿勢を正すためにも、ここが重要になるのです。

　ひざ裏の筋肉が衰えていると、体の重みでひざが曲がります。ひざの関節の隙間もなくなって、ひざが曲がり、O脚、XO脚といった脚の曲がりの原因にも。下半身が崩れたら、上半身にも影響が出てきます。

　そこで、股関節を整えるとともにひざ裏の筋肉を鍛える効果的なストレッチを紹介します。さらに魅力的なボディとフェイスを目指しましょう。

ひざ裏の筋肉が正しいと…

ひざ裏の筋肉が衰えていると…

下半身を即効で整える
3つのストレッチ

「ひざ裏たたき」で脚を長く整える

「ひざ裏たたき」は、ひざの裏を床にトントンと軽くたたきつけるようにして、脚を振動させるストレッチ。振動を加えることによって、固まっていた股関節とひざ関節を徐々にほぐし、正しい位置に調整していきます。

また、ひざ裏を中心とした脚の裏側の筋肉を柔軟にしていきます。こうすることで脚が長く伸びやすくなります。縮んで伸縮性のなくなった硬い筋肉では、上へ上へと伸びません。

よく足は第二の心臓と呼ばれています。足底→ふくらはぎ→ひざ裏→太もも裏へと、それぞれの筋肉が連動して動くことで、血液と体液は上へ上へと押し上げられていくのです。

だから「ひざ裏たたき」で脚の裏の筋肉を刺激すれば、むくみもとれ体の循環もよくなります。行うだけで体がポカポカしてくるのがわかるはず。たった1回で、2センチも脚が細くなった人がいるほどなのです。

「お尻たたき」で骨盤を整える

「お尻たたき」は硬くなった股関節をほぐすストレッチです。股関節が硬いとさまざまな悪影響がありますが、わかりやすいのが太もも前面が太くなり、お尻の形が悪くなること。

　これは、股関節の動きの悪さによって骨盤が前傾し、恥骨が引っ込み、尾骨が後ろに下がってしまっているせいです（41ページ参照）。
　これらを改善するために股関節をほぐすことが重要なのですが、具体的には、脚のつけ根（鼠径部）を伸ばすことを意識することです。「お尻たたき」を行うと、脚のつけ根が伸びていることがわかるはずです。トントンとお尻をたたくことで、恥骨と尾骨を正しい位置に収めていきます。つまりこれは骨盤を立てて整えることにつながります。
　恥骨を前に出すことは肋骨を引き上げることにつながりますから、ウエストのくびれづくりを加速させることにつながるのです。

「内脚のばし」で脚のゆがみを直す

　「内脚のばし」は内転筋の筋肉を鍛えて股関節をほぐし、股関節の可動域を広げて仙腸関節の位置を調整して、骨盤も整えるストレッチです。
　脚の内側の筋肉が鍛えられますから、O脚やXO脚など脚のゆがみを直すのにとても高い効果があります。
　O脚やXO脚の人は脚の内側の筋肉が縮んでいます。ここを柔軟にし伸縮性を高めることで、筋肉は伸びやかになり脚が長くなっていきます。

ひざ裏たたき

ひざ裏を整えてバランスのいい脚をつくる!

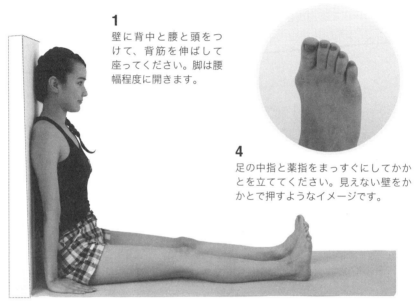

1
壁に背中と腰と頭をつけて、背筋を伸ばして座ってください。脚は腰幅程度に開きます。

4
足の中指と薬指をまっすぐにしてかかとを立ててください。見えない壁をかかとで押すようなイメージです。

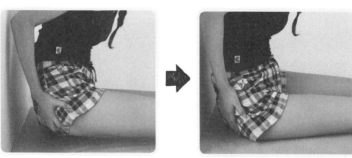

2
姿勢を整えます。まずお腹を引いて、右側のお尻を浮かせて、右手の指で太ももの裏の余分な肉をお尻のほうに引き上げます。

3
引き上げたままお尻を下ろします。反対側のお尻も整えましょう。これで坐骨でしっかりと座ることができ、姿勢が安定します。

ひざの裏をトントンと床にたたきつける振動でひざの裏の筋肉などに働きかけ、脚を整えていくエクササイズです。上半身を持ち上げるバランスのいい脚をつくります。

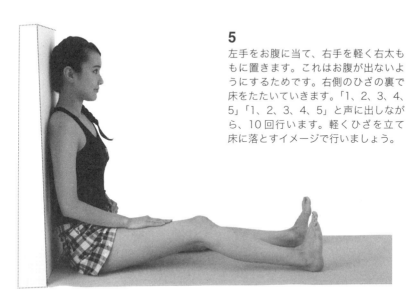

5
左手をお腹に当て、右手を軽く右太ももに置きます。これはお腹が出ないようにするためです。右側のひざの裏で床をたたいていきます。「1、2、3、4、5」「1、2、3、4、5」と声に出しながら、10回行います。軽くひざを立て床に落とすイメージで行いましょう。

6
手を入れ替えて左側も行います。右手をお腹におき、左手を左太ももにおいて、「1、2、3、4、5」「1、2、3、4、5」。かかとをなるべく動かさないようにするのがポイントです。10回行ったら左右の手と脚を変えます。左右交互に続けて1分行ってみましょう。

お尻たたき

股関節をほぐして骨盤を整える

1
うつ伏せに寝て、顔を上げて、ひじをつきます。脚は肩幅より広めに開きます。

下あごの骨を、人差し指から小指までの4本の指先で支えます。こうすることで首が伸び、肩の力が抜けます。

硬くなった股関節がほぐれ骨盤が整うエクササイズです。上半身をバランスよく支える下半身をつくり上げます。ヒップアップにもたいへん効果があります。

2
右ひざを深く曲げ、かかとでお尻をリズミカルに「1、2、3、4、5」と5回たたきます。

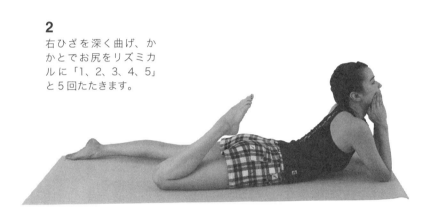

3
足はシンクロの選手のように、足底にアーチをつくるようにしてください。左側も同じように5回たたきます。左右交互に続けて1分行ってみましょう。

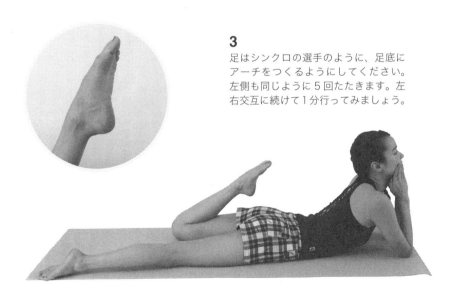

3 内脚のばし

内側を伸ばしてO脚・XO脚を直す

1
肩幅より少し広めに脚を開いて、かかと重心で立ちます。足の中指と薬指を正面に向けて、足の外側のラインを整えます。両手を頭の上に組み、上に伸ばします。

内転筋の可動域を広げて股関節をほぐし、骨盤を整えるストレッチです。O脚やXO脚など脚のゆがみを直す効果もあります。上半身を上に持ち上げる脚をつくります。

2
右脚を真横にズラし、脚の内側にある内転筋を少しずつ伸ばしていきます。右脚を伸ばしていくと同時に、左脚のひざを浅く曲げます。右足首は、スキーのエッジを立てるようなイメージで伸ばしましょう。

3
脚を戻し、肩幅より広めに開いてラインを整えます。今度は左脚の内側を伸ばしていきましょう。左右1セットとして、3回行いましょう。

Q&A 1

Q：「ひざ裏たたき」でひざ裏が床につかないのですが…

A ムリにひざ裏でたたこうとせず、かかとを床につけ、ゆび先を上に向けて軽くひざを曲げ、上にあげることを意識してみましょう。掛け声とともに、「1」で上にあげ、脱力する。「2」で上に上げ、脱力する…というように行うと徐々に脚の筋肉が柔軟に伸びてきます。ほぐれてきたらゆっくりかかとを伸ばしてひざ裏が床につくか試してみてください。くり返し楽しいリズムで数えながらやるのがコツです。

Q&A 2

Q：「お尻たたき」でかかとでお尻をたたけません…

A 無理してお尻につけなくても大丈夫です。回数を重ねてやっているうちに、ひざ関節や足首関節がほぐれてきてつくようになります。足ゆびを開いたり上下にしたり、足首を回すなど関節をほぐしてからトライしてみてもいいでしょう。むしろ太ももの前やすねに力を入れすぎると、お腹が床のほうに出てきますのでお腹が出ないように気をつけて足のかかととゆび先を意識しながらやってみるのがコツです。

Q&A 3

Q：「内脚のばし」であまり脚をのばせません…

A 内脚のばしは、股関節やひざ関節、足首関節が詰まっていたり、まわりの筋肉が硬くなっていてはうまく伸びません。ムリせず、足ゆび上げ（足のゆびを上げたり下げたりする）や足首回しなどで関節の硬さをとり除いて少しずつ足先をほぐしてから、少しずつ広げてみてください。ひざ裏、太ももの後ろ、脚の内側が伸びるのを感じながら、足ゆびを前方に向け足底（足の裏）の外側を少し上げる感じで床を少しずつすべらせるのがコツです。

小顔矯正マッサージ

顔の筋肉と骨格を整える

小顔づくりの王道といえばマッサージ。本章で紹介するマッサージは、顔の表面にアプローチするだけでなく、同時に肩関節をほぐし骨格にまでアプローチするオリジナルのものです。ガイアプログラムが生み出した最強のマッサージ法を、ぜひ試してみてください。

顔を見れば体がわかる、体を見れば顔がわかる

エラが張っている人は体も四角い
顔が長い人は胴も長い

「ストレッチだけでなく、今すぐ効く小顔マッサージはないの?」という方のために、本章では即効性のあるマッサージを紹介していきます。

その前に、顔と体の関係について少しだけご説明させてください。これまで小顔のためには、姿勢が一番大事だと述べてきました。顔も体の一部です。だから足から首までのボディバランスを整えれば、その上の顔も整います。実際、顔と体は面白いほどつながっています。

じつはわたしは、顔を見ればその人の体形がわかり、体を見ればその人の顔の形がわかります。

たとえば、エラが張っている人は、いかり肩で背中が広く、腰も四角く横に張り出しているものです。また、アゴが長い人はうつむき加減でいることが多く、胴体も長いというバランスになっています。

顔のゆがみは体のゆがみを反映しています。顔のすべてのパーツがシンメトリーであるという人はそれほど多くはないでしょう。アシンメトリーな部分、それがゆがみです。

具体的には、目の高さは肩の高さ、口角は骨盤、鼻は背骨を反映しています。みなさんも鏡で自分の顔をチェックしてみてください。顔と体を同時に整えていくイメージがつかめるのではないでしょうか。

肩関節をほぐしながら顔を整える
ハイパーマッサージ

　顔がぱんぱんにむくんでいる、エラまわりに肉がついて顔が大きい、面長でアゴまわりに肉がつき顔が長い…こうした顔の大きさの悩み。

　色が黒いのがコンプレックス、シワが増えてきた、たるみくすみをどうにかしたい、乾燥肌、脂肌をどうにかしたい…こうした肌質の悩み。

　どちらも根本を見直さなければ、最終的には解決しません。

　骨は筋肉との連携プレイで動きます。骨のまわりには毛細血管も神経も張り巡らされています。人間の血管の長さは地球を3周半もするといわれ、皮膚の表面に毛細血管で栄養を運んでいます。栄養が皮膚の表面まできちんと届いている肌は新陳代謝もよく色白で透明感があります。また、シワやたるみは筋肉の弾力と関係しています。

　だから、肌質の問題も、顔の形の問題も、骨や筋肉を整えることによって解決するのです。

　「フェイス&ネックマッサージ」は肩関節をほぐしながら、顔から首をマッサージしていく複合的なマッサージ方法です。関節と骨に作用させながらマッサージしていくので即効性が他とは違います。

　さらに、みんなが気になるほうれい線に効く「ほうれい線のばし」も収録しました。マッサージはこの2つさえ習得すれば怖いものなしです。

1 フェイス&ネックマッサージ

肩関節も動かすから小顔効果が最強に！

1
右手をめいっぱいパーに開きます。使うのは薬指、中指、人差し指の3本のゆびです。

顔をマッサージすると同時に肩甲骨・首もやわらかくさせてリンパ・血液の循環を促し、小顔に導くマッサージです。手が回らないという方はSTEP2で肩関節をほぐしてから行いましょう。

2
左の眉上をマッサージしていきます。薬指を眉頭において「1、2、3、4、5」と5回もんだら、パッとゆびを放します。

3
左のこめかみをマッサージしていきます。薬指を眉尻において「1、2、3、4、5」と5回もんだら、パッとゆびを放します。

4

左の耳横をマッサージしていきます。薬指を耳の上のつけ根において、「1、2、3、4、5」と5回もんだら、パッとゆびを放します。

5

左の耳下腺（耳たぶの裏の押すと気持ちのいいところ）をマッサージしていきます。薬指を耳下腺において「1、2、3、4、5」と5回もんだら、パッとゆびを放します。

6
左のアゴ骨をマッサージしていきます。薬指と中指でアゴ骨を挟んで、「1、2、3、4、5」と5回もんだら、パッとゆびを放します。

7
左の首をマッサージしていきます。首の前部分にまでできるだけゆびを伸ばしてください。薬指がアゴの下まで届くのが理想です。気持ちのいいところを薬指で探して首全体を「1、2、3、4、5」

8
首をマッサージし終わったら、そのままゆびを放さず、ゆびで誘導するようにして首を左に回していきます。できるだけ後ろを見るように首を回して、これ以上回らないくらいまで回します。

9
パッと手を放して顔を正面に戻します。関節が正しいと手を放しただけで首が勝手に戻ります。ここまでの一連のマッサージを、今度は左手で顔の右側に行いましょう。

2 ほうれい線のばし

舌を口の中に引っ込めて、口の中から舌でくるくるとほうれい線を伸ばします。舌は動かすだけで顔の筋肉を刺激します。また内側から働きかけることでより効果を発揮します。

内側から伸ばすからよく効く！

1 舌の先を動かします。

2 口の中からほうれい線を伸ばすようにマッサージしていきます。右側のほうれい線の下を時計回りに舌で、クルクルクル。次に、左側のほうれい線の下を反時計回りにクルクルクル。回数は何回でもかまいません。

> COLUMN

小顔とウエストくびれをつくる
習慣❷

【よく噛み、よく笑い、よく話す】

　顔には非常に多くの筋肉が集まっています。筋肉は硬くなると血行が悪くなり、セルライトも溜まってしまいます。だから硬くならないよう鍛えることが重要なのです。よく笑うことで口輪筋が、声を出すことで口蓋垂筋や輪状甲状筋、大頬骨筋や小頬骨筋が、よく噛むことで咬筋が鍛えられます。

【「い」の表情を心がけよう】

　「ニッコリ笑顔」は肩や背中をリラックスさせ女性らしい体をつくります。その効果をさらに高めましょう。それは「い」の形をつくること。たとえば「素晴らしい」「うれしい」「きれい」「美しい」など、「い」で終わる気分がよくなる言葉を1日に何度も使うようにしてみてください。素敵な笑顔が身につくだけでなく心も軽やかに楽しくなるはずです。

【「がんばりすぎない」のが重要です】

　「頑張る姿勢」は、女性らしい体のためにはときに大敵です。頑張るとどうしても肩に力が入ります。二の腕にも力が入りますし、顔にも力が入ります。筋肉も男性的な硬い筋肉になってしまいます。もっと気楽にリラックスできる時間を設けましょう。ときには人に甘えましょう。人はいつもニコニコしている人に寄ってくるものです。

【心ががちがちだと体もがちがち】

　悩みなどを考えすぎると表情が硬くなりセルライトが溜まってしまいます。血液もリンパも流れにくくなってしまいます。人は考えるとどうしても下を向きます。小顔にとってもウエストにとってもよくない姿勢です。そこで考え込んできたなと思ったら本書のストレッチを。不思議なもので体が動くと心も動きます。肩関節ダイエットは、体にも心にも効果抜群なのです。

肩関節1分ダイエット
驚きの体験談

「肩関節1分ダイエット」で驚きの大変化を遂げたみなさんの声を集めました。ただウエストがくびれ小顔になるだけでなく、体重が8キロ減った、整形級に顔が変わった、巻爪が直った、背中のシミがなくなったなど、効果は一カ所にとどまりません。成功したみなさんの声をきいて、モチベーションを高めましょう。

File No.1

パンパンだった頬の面積が小さくなると同時にパンパンだった太ももも細くなった！

毛塚香織さん
（仮名・18歳）

　サロンに通われていたお母さまの紹介で、大学の入学前に気になる脚の太さを変えたいということで、チャレンジしてくださいました。

　ボディをチェックすると、確かに太ももが前に太く張り出て、腰まわりに肉がつき、お尻も大きく落ち気味になっています。

　ただそれ以上にわたしが気になったのは、肩まわりにお肉が盛り上がり、顔が埋もれがちな点でした。

　下半身は上半身と連動していて、下半身がやせるためには上半身の肩関節のゆがみによる前肩、前首、猫背を直す必要があります。

　下半身やせのボディメイキングでは、肩関節や首の関節まわりの筋肉をほぐしてから、背骨の詰まりを調整して骨盤への負荷を減らしていくのが、早く結果を出すために重要なのです。

　「肩ほぐし」「ひじ回し」や「壁うで回し」「ゆび回し」で徹底的に肩関節をほぐし、上半身の筋肉をほぐしてしなやかな可動域の広い筋肉にし

Before　After
ウエスト：66.3cm → 62cm
太もも：55.2cm → 52.7cm
バスト：84.7cm → 87.8cm
ヒップ：88cm　 → 86.9cm

ていくこと。それが、下半身太りの原因を取り除くことにつながります。さらに、これらのストレッチで肩関節がほぐれはじめたら、平行して「お尻たたき」も続けてもらいました。

　この方は1カ月もすぎるとお尻の形が変わってきました。太ももの前張りもなくなり、下半身がやせてくるのと同時に顔も小さくなりました。

　以前は顔の大きさを気にして、いつも前髪を下ろすヘアスタイルをしていたようですが、おでこを出すことに抵抗がなくなったようです。脂肌で赤ら顔だった肌も、すべすべの色白になってきました。これは肩関節、首の関節のストレッチでリンパ・血液の循環がよくなったためです。

　さらに、足の指の巻き爪もよくなってきました。以前は前かがみで歩いていたのが、ボディバランスを整えることで足に均等に力がかかるようになったためです。

　今では脚を出せる洋服を着て、キャンパスライフを謳歌されています。

File No.2

ウエスト−17センチ、体重−7キロ。洋服も13号から7号になって、毎日が幸せ♪

谷澤幸枝さん
（仮名・34歳）

　昔は骨が細くやせ体質だった女性ほど、いったん太ってしまうとやせにくいものです。この方もそのような体質の方でした。

　骨が細い人ほど骨の細さを補うために筋肉が硬くなり、セルライトができます。出産やムリな仕事などが原因で、骨や筋肉がゆがみやすく、血液やリンパの流れが悪くなってむくみやすい体質になり、さらにセルライトができて太った体になりやすいのです。

　この方も年齢とともに体重が10キロ単位で増え、もともとやせていただけにそれがストレスになりさらに太る原因になっていました。

　そこで、骨のゆがみを上半身の肩関節からほぐして、上半身の血液やリンパの流れをよくすると、セルライトが流れ上半身が軽くなり下半身もやせていくことを説明して、ボディメイキングをしていきました。

　もともと脚の形がよかったという方は上半身を調整すると、とても早く結果が出てきます。

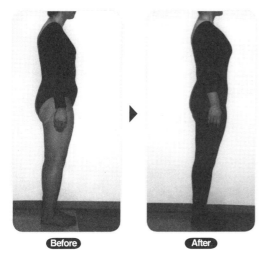

Before After
体重：62kg → 55kg
ウエスト：81cm → 64cm
お尻まわり：95cm → 88cm

　この方も前のめりの姿勢を直していくことで、毎日の生活習慣でバリバリに硬くなっていた背中や肩がほぐれ、内臓下垂が修正されて便秘もなくなり、ウエストがくびれバストが丸くふっくらとしてきました。

　そして1カ月も経つころには、マイナススパイラルで太っていた体が逆にプラススパイラルになってやせはじめ、首が長くアゴまわりが引き締まったデコルテの美しい体型に戻っていきました。

　とくに、「ひじ回し」で背中や脇、二の腕の余分なセルライトが本来のバストの位置に戻り、バストが以前よりきれいになったことには非常に驚かれたようです。

　81センチもあったウエストが64センチと17センチも細くなり、62キロの体重が55キロ、95センチあったお尻まわりが88センチと思い通りのサイズダウンと減量を実現され、とてもよろこんでくださいました。夜もぐっする眠れるようになり、体調もよくなったとのことです。

File No.3

ウエストは10センチ、太ももは8センチ細くなって、婚活にも前向きになった！

斉藤真理さん
（仮名・40歳）

　身長が164センチと大柄でいかり肩、体型は生まれつき変わらない…と考えられていたようでしたが、40歳をすぎて初めて結婚したいと思うようになりダイエットを決意されたそうです。

　もともとお友達とお食事をするのが大好きで、食事制限中心のダイエットはムリということで、わたしのサロンを訪れられたのです。

　腰や肩が角張っている女性は、一般的に角張ったエラの張った顔型になりやすいものです。全身が硬く、とくに上半身はいかり肩のせいで肩が盛り上がり、ウエストのくびれがない胴長タイプのように見えていました。

　上半身の負担から、下半身も腰まわりがベルト状に硬くなり、股関節の横にも筋肉が張り出て、太ももの前面も目立っていました。脚がXO脚なのも気になりました。

　そこでまず取り組んでいただいたのが、「ひじ回し」「肩ほぐし」など

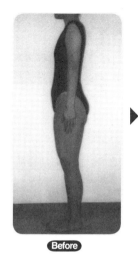
Before

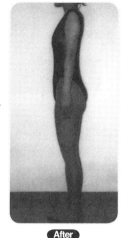
After

Before　After
ウエスト：74.4cm → 64.0cm
体重：60.0kg → 52.2kg
太もも：67.1cm → 58.4cm

の肩関節のストレッチです。首や肩まわり、背中、二の腕についた筋肉とセルライトを落とし、上半身を軽くするのが先決です。

そして徐々に「ひざ裏たたき」や「お尻たたき」をとりいれていただきました。

この方は最初にお腹まわりに変化があらわれました。ぼってりしていたお腹がみるみる細くなり、最終的にウエストが10センチ減りました。また体重も8キロ減り、太ももは8センチ以上細くなりました。

性格も前より積極的になり、小顔になったため鏡をみるのがうれしくなり、お化粧をするのも楽しくなったとのこと。

洋服も女性らしいデザインのものを着るようになって、婚活にも本気で取り組めると本当によろこんでくださいました。

仕事も以前は気になっていた細かい点がさほど気にならなくなり、円満に過ごせているとのことです。

File No.4

整形したと勘違いされるほどアゴや頬がスッキリ！O脚も直って見違えるような別人に！

横川静子さん
（仮名・55歳）

　会社で責任のある仕事が続き、気がついたら猫背、前肩、前首になっていたというキャリアウーマンの方です。下半身のとくに腰まわりが分厚くなっているのは、デスクワークが多いせいもあるでしょう。

　もともとアトピーで肌も敏感なため、肌の色がくすんで浅黒くなっていました。黒いシミも顔だけでなく、背中まで広がってどうにかしなければと思い、こちらにいらしたようです。

　この方のような脂性の浅黒さは、背骨の詰まりや全身の血流の悪さからくる特徴的なものです。首の後ろが硬く首が短くなってしまい、寸胴気味でお尻が本来の位置より下がっていました。耳鳴りや頭痛にも悩まされ、脚が歪んでいるためにほんの少し歩くだけで疲れてしまうという、まさに満身創痍の状態だったといえるでしょう。

　そこでまずは一番の問題である、首の長さをとり戻すために「肩ほぐし」で少しずつ肩関節をやわらかくさせていきました。さらに「壁うで

Before

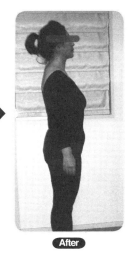
After

Before **After**
ウエスト：72.3cm → 65.2cm
太もも：60.2cm → 53.8cm
バスト：88.5cm → 93.0cm
ヒップ：97.0cm → 91.2cm

　回し」を追加して、最初は後ろに回らなかったうでも徐々に後ろに回せるようになると、埋もれていた肩甲骨が出てきて、ウエストにくびれができ始めました。

　次に「ひじ回し」にもトライしてもらいアンダーバストを細く、バストを上げて引き締めていきました。

　上半身が整ってくると本来は細かった脚の形もはっきりして、埋もれていたくるぶしが出て徐々にO脚が直っていきます。

　この方も上半身から変わり始め、下半身から顔まで、全身が変わりました。丸顔だったのが、アゴまわりの引き締まった面長美人になったため、職場では整形したかと勘違いされたそうです。

　今ではおしゃれなスカートで脚を出し、デコルテの美しさを強調するアップスタイルの髪形で、毎日を楽しんでいらっしゃいます。背中のシミも今ではほとんどなくなったということです。

おわりに

　この本を手にとっていただき、本当にありがとうございます。
　肩関節は股関節とともに人間が進化する過程において最も変化した、球関節と呼ばれる関節です。四つ足で動いていたころに比較すると、可動域は180度から360度近くにも広がったといえます。
　関節は骨と骨を連動させて動き、多種多様な筋肉に連動しています。地球上の動物は、長時間同じ姿勢が続くと骨が重力の方向に下がるので関節詰まりが起きます。すると、それを防ぐための筋肉が発達してしまいます。まわりの筋肉が硬くなってしまうのです。だから、関節の可動域を広く動かし、関節が詰まらないようにすることが大切なのです。
　肩関節が硬くなると、首こり、肩こり、背中こり、頭痛等の諸症状を引き起こし、前肩、前首、猫背になり姿勢を悪くさせます。
　また、上半身が硬く重く沈むと、下半身太りの原因にもなります。骨盤や股関節がゆがんで脚が太くなったり、ムクミ体質になったり、O脚・XO脚になっていくからです。
　ですから、下半身を美しくするためにも、首が長い小顔と美しい肩、肩甲骨の出た美しい背中をつくり出す必要があります。
　肩関節をほぐすと、背骨の椎骨の詰まりがとれ、脚のゆがみの原因になる脚の関節詰まりも正されて全身の姿勢がよくなることがわかります。

姿勢が正しくなり背骨の詰まりがとれると、本来の身長が現れます。今までは骨の組織ができあがる20歳くらいまでに努力しなければならないと思われていましたが、年齢に関係なく身長も伸びるのです。

　年齢とともに身長が低くなり、猫背や脚のゆがみがひどく感じられ、お腹や腰まわりが太くなっているのに気がついた人は、ぜひ「肩関節1分ダイエット」を試して実行してみてください。

　基本になる関節のゆがみと詰まりがとれてきたら、神経伝達もよくなりスポーツも上手になることがわかります。関節の可動域が広がると動きも機敏で疲れにくい体になります。

　首の短いいかり肩体型では、腰まわりも角張ってしまいます。「生まれつきだから仕方がない」とあきらめず、首の長いひきしまった小顔、優雅に見える肩甲骨の出た背中でさっそうと歩くことを目指しましょう。

　最後に本書『肩関節1分ダイエット』のDVD製作や出版にあたり、青春出版社の杉本かの子さんをはじめ多くの方々にご協力いただきました。心より感謝申し上げます。

整体エステ「GAIA」
南　雅子

PROFILE

南 雅子（みなみ まさこ）

1949年北海道生まれ。美容家。カイロプラクティック・整体師。整体エステ「ガイア」主宰。現在、オリジナルに開発した「姿勢矯正」や「ストレッチ」など健康で機能的な身体づくりのための施術・指導を行っている。12万人以上を変えた実績と3カ月で完璧に身体を仕上げるプログラムは各業界からつねに高い評価を得ている。整体エステ協会を設立し、エクササイズスクールを開講。プロ育成なども手掛ける。著書に『DVD付 股関節1分ダイエット』『背が高くなる椎関節ストレッチ』（ともに小社）など多数。

整体エステ「GAIA」
http://www.gaia-body.com/

STAFF

スチール撮影……丸毛 透
DVD撮影……山内純子
モデル…………Lilia（フロス）
ヘアメイク……平塚美由紀
イラスト………栗生ゑみこ
　　　　　　　池田須香子
　　　　　　　ハッシィ
デザイン………青木佐和子
衣装協力………ミカランセ

DVD付
肩関節1分ダイエット

2015年2月5日　第1刷

著　者	南　雅子
発行者	小澤源太郎
責任編集	株式会社 プライム涌光

電話　編集部　03(3203)2850

発行所　株式会社 青春出版社

東京都新宿区若松町12番1号〒162-0056
振替番号　00190-7-98602
電話　営業部　03(3207)1916

印　刷　大日本印刷　　製　本　大口製本

万一、落丁、乱丁がありました節は、お取りかえします。
ISBN978-4-413-11130-0 C0077

© Masako Minami 2015 Printed in Japan

本書の内容の一部あるいは全部を無断で複写（コピー）することは著作権法上認められている場合を除き、禁じられています。